LETTRES

A UN DÉPUTÉ.

OPÉRATIONS FINANCIÈRES DE 1818.

PARIS.

Chez DENTU, Libraire, Palais-Royal, Galerie
de Bois.

De l'Imprim. de HOCQUET, rue du Faub. Montmartre, n°. 4

1820.

Paris, le 21 Mai 1820.

JE vais remplir, Monsieur, l'engagement que j'ai contracté envers vous, par la lettre que j'ai eu l'honneur de vous adresser le 6 avril dernier, en vous soumettant mes observations au sujet des opérations de bourse, faites par le ministère des Finances en 1818.

Il convient de distinguer les opérations de cette nature faites dans le mois de juillet, d'avec celles qui ont eu lieu dans le mois de novembre suivant.

L'aliénation des 14,925,000 fr. de rente avait été consommée dès le mois de mai. La répartition des termes de paiement avait été combinée avec les besoins du service, mais il avait fallu, en même tems, prévoir le cas où des acheteurs, desirant se libérer plutôt du prix total de leurs acquisitions, en auraient offert le versement anticipé. Il fut donc établi qu'en pareil cas les soumissionnaires recevraient sur leurs anticipations un escompte calculé à raison de 5 p. 0/0.

Cependant le traité avec Baring, précurseur de celui qui a opéré la libération de la France envers les puissances étrangères, était conclu et connu. Le crédit prospérait, et la confiance agissant dans tous les sens, soutenait à un cours avantageux le prix des effets publics, et suggerait en même tems à une partie des souscripteurs de l'emprunt des 14,925,0000 fr., de profiter du bénéfice de l'escompte, en payant par anticipation le montant total de leurs soumissions.

Ils trouvaient d'ailleurs à ces anticipations l'avantage d'avoir plutôt à leur entière disposition les inscriptions des rentes acquises.

Ces motifs accélérèrent la réalisation d'une partie du capital des 14,925,000 fr. Il y eut abondance dans les caisses du trésor : une stagnation de fonds, inconvénient funeste pour tous les intérêts, allait en résulter, et ces fonds, dont l'acquittement des dépenses publiques ne réclamait pas encore l'emploi, coûtaient au trésor pour l'escompte mentionné, une somme de 4 à 500 mille francs. Tâcher de les rendre à la circulation, en en conservant au trésor la possession et la disponibilité et en récupérant par un écoulement plus rapide l'escompte payé pour leur recette plus accélérée, était incontestablement une mesure suggérée par la sagesse, soit dans l'intérêt général de l'état auquel on restituait des capitaux, toujours improductifs entre les mains du Gouvernement, soit dans l'intérêt du trésor, qui est encore celui de l'état, en diminuant la masse des frais de négociation qui

se résolvent tôt ou tard en impositions sur les citoyens.

Convaincu de ces vérités, (devenues presque
triviales aujourd'hui) le ministère employa d'a-
bord, 15 à 20 millions à acquitter, sans les renou-
veler, une partie des bons royaux précédemment
émis pour le service du trésor, et à solder quelques autres parties de sa dette flottante.

C'était en même tems économiser l'intérêt
attaché à ces sortes de valeurs, et servir utilement
le crédit public, qui profite toujours doublement
des remboursemens opérés par l'état, soit par l'augmentation de confiance qu'ils inspirent, soit par
celle des capitaux qu'ils laissent disponibles entre les mains des particuliers, et qui, sortant de
la dette flottante du trésor, se dirigent naturellement en partie vers la dette perpétuelle de l'Etat.
Aussi cette opération n'a été et n'aurait pû être
l'objet d'aucune observation.

Mais malgré les remboursemens dont il s'agit,
l'encaisse du trésor se trouvait encore excéder ses
besoins.

Ce fut alors qu'on conçut le projet d'employer, en avances sur reports une somme d'environ 11 millions.

Pour se décider à une pareille opération, (et
alors la critique la plus acerbe ne s'était pas encore

emparée de son administration.) (1) le ministre dut se demander, si elle n'était point illégale ou dangereuse ou préjudiciable aux intérêts du trésor, ou enfin, contraire à ceux de la bourse.

Les réponses ne pouvaient point paraître douteuses.

1°. Aucune disposition législative n'avait défendu la mesure proposée, aucun antécédent ne conseillait de s'en abstenir, et soit qu'on veuille la regarder comme une conversion de valeurs, ou comme une remise de fonds en compte courant, (puisqu'en effet il faut bien que ce soit l'un ou l'autre) aucune loi, aucun réglement d'administration intérieure, n'avaient tracé le cercle ou déterminé les limites dans lesquelles la trésorerie devait renfermer ses opérations de cette nature.

Tous les jours les écus du trésor sont convertis en effets de commerce par les soins des receveurs-généraux, pour opérer sans déplacement la transmission des fonds.

Tous les jours le trésor dépose des fonds à la banque ou en retire. Souvent des avances considérables, commandées par l'intérêt urgent de la chose publique, ont été faites au commerce ou à des fournisseurs.

---

(1) L'un de mes amis m'écrivait, dans ce tems-là, de Paris, « la » rente ne fait qu'augmenter, on porte aux nues le ministre ; c'est un » délire eu faveur de l'une et de l'autre. » *Oh! quantum mutatus ab illo.!*

Avant l'organisation de la caisse de service, (qui, quoi qu'on en dise, a mis l'état à l'abri de bien des pertes, et lui a procuré bien des économies.) (1) on a vu des banquiers débiteurs du trésor de 20 et 30 millions.

Enfin, des hommes d'état dont l'opinion fait autorité en matière de finance, n'avaient point encore manifesté un avis contraire à la mesure qu'on proposait alors au ministre (2).

2°. Le trésor avançait des fonds aux acquéreurs de rentes, mais cette avance était faite à un taux bien au-dessous du cours de la place.

Il recevait en garantie la valeur sur laquelle on demandait à emprunter des écus, et, qui plus est, il était lui-même le débiteur du montant de cette valeur.

Il ne pouvait perdre qu'en faisant banqueroute à ses propres engagemens.

3°. Un bénéfice certain et sans aucune chance de

---

(1) Malheureusement pour les institutions comme pour les hommes, on ne les apprécie que sur le bien ou le mal positif qu'on en reconnaît, et cependant la science de l'administration est bien moins de faire que de prévenir.

(2) Il est toutefois juste d'observer que cette opinion, le Ministre lui-même la partageait *en principe;* il est notoire que l'opération dont il s'agit n'était envisagée par lui que comme une exception utile qui se trouvait justifiée par les circonstances, et qui n'était point désavouée par la loi; l'on sait enfin qu'il a fait à ce sujet sa profession de foi aux commissions des deux Chambres.

perte était pour le trésor le prix de ses avances , et ce bénéfice figure en effet dans ses comptes pour une somme de plus de 900,000 fr.

4° Personne enfin ne contestera que l'opération dont il s'agit ne fut profitable aux intérêts de la bourse s'il est vrai que la très-grande majorité de ces intérêts demandent l'amélioration et sont contraires à la baisse des effets publics.

Lorsque l'emprunt des 14,925,000 fut négocié, et que, quelques jours après, l'on connût la négociation de celui des 24,000,000, une sorte d'exaltation en faveur de la rente s'empara de la place : tout le monde voulut avoir sa part de profit au jeu, et toutes les spéculations furent à la hausse.

Mais ce mouvement, par cela même qu'il était en partie le résultat de l'exaltation, devenait dangereux ; une réaction était d'autant moins invraisemblable (1), que les demandes nombreuses de prêts sur reports, constataient elles-mêmes des spéculations irréfléchies.

Les auteurs de ces spéculations eussent inévitablement détérioré le cours de la rente par des ventes forcées s'ils n'avaient point trouvé à emprunter contre le dépôt des titres. Cette réaction était cependant d'autant plus à craindre que le moment allait arriver où il aurait été question de

---

(1) Elle ne s'est que trop réalisée plusieurs mois plus tard.

traiter avec les alliés du payement en rentes, au cours, d'un capital de 100 millions.

Vous dirai-je enfin monsieur, toute ma pensée? vous savez que dans l'emprunt des 14,925,000 fr. aucune soumission (si ce n'est celles des étrangers ou faisant double emploi) n'a été écartée; tous les souscripteurs ont eu plus ou moins, et en général dans la proportion de leurs soumissions, part à l'emprunt : on avait cru que le même zèle ou la même confiance devaient être également accueillis, qu'aucune espérance ne devait être déçue; un commis ou un receveur-général, un artisan ou un banquier, tous ont participé dans la distribution de l'emprunt.

Mais pense-t-on que le ministère ait eu la possibilité de pondérer également les moyens pécuniaires de chacun d'eux. Combien ne pourrait-on pas en citer qui n'auraient point acheté sur la place au même cours, aux mêmes conditions de l'emprunt, mais qui cependant s'étaient empressés de souscrire, persuadés, que le ministère ferait tous ses efforts pour que cette opération leur fut avantageuse, qu'il se chargerait presque de leur en assurer les profits.

Cette classe de souscripteurs, et elle n'était sans doute pas la moins nombreuse, était faite pour attirer l'attention du ministère et exciter sa citude.

Dans les tems ordinaires, lorsque le crédit est établi, tant pis pour ceux qui s'aventurent sans moyens dans les affaires de bourse; et M. Pitt pouvait bien dire à ceux qui avaient recours à lui dans un moment de baisse des fonds publics : « Je ne vous dois que le paiement exact de la » rente à ses échéances : tout le reste m'est » étranger. »

Mais ici, c'était encore le crédit public dans son berceau. Il était de la plus haute sagesse d'en guider, d'en assurer les pas chancelans. Il importait qu'un premier essai malheureux ne rebutât point les Français; qu'on demeurât persuadé que ce n'est point en effet un mauvais calcul, celui de s'associer à la fortune publique, de confier à l'état les capitaux particuliers disponibles, lorsque les besoins de son service les réclament.

Que les souscripteurs des emprunts fassent des profits qui les encouragent, mais que le crédit soit créé, qu'il prenne racine, que le trésor retrouve sans augmentation d'impôts les fonds dont il a besoin, voilà les grandes vues qui devaient dominer la pensée du ministre, et non de savoir si une opération faite au profit du trésor et à celui de la bourse prêterait un jour quelques argumens contre lui.

Mais, dira-t-on, vous ne faisiez qu'ajourner le mal en prêtant sur reports, puisqu'il fallait bien qu'on finît par vous rendre ce que vous avanciez, et alors la nécessité de vendre les rentes acquises se renouvelait pour les emprunteurs.

Je répondrai que d'abord cette nécessité devait naturellement cesser pour tous ceux qui, ayant éprouvé un embarras momentané, auraient eu, dans l'intervalle, le temps nécessaire pour mettre ordre à leurs affaires.

Qu'ensuite une grande partie des 14,925,000 f. de rente, qui produisait alors une trop grande abondance d'effets publics sur la place, aurait eu le temps de s'écouler des mains des spéculateurs, pour se caser définitivement dans celles de cette classe de capitalistes qui n'achètent point pour revendre, mais pour se créer des revenus; qu'il importait en conséquence d'aider les spéculateurs, obérés à gagner du temps et à s'éloigner davantage de l'époque de la distribution de l'emprunt pour se rapprocher de celle de l'évacuation.

Une autre objection est présentée par les accusateurs du ministère de 1818.

En faisant, disent-ils, des opérations qui devaient avoir une influence favorable sur le cours de la rente, vous contribuiez à assurer des profits aux banquiers étrangers avec qui vous aviez négocié l'emprunt des 24,000,000 fr.

Voilà donc encore ces malencontreux étrangers qui viennent compliquer la question, et la même opération démontrée utile, sous un point de vue devient dangereuse, répréhensible sous un autre.

Il eût fallu la hausse pour les souscripteurs de l'emprunt des 16,000,000 fr., il fallait la baisse pour ceux de l'emprunt des 24,000,000 fr.

Mais si la rente était tombée au-dessous du prix auquel avait été fixé l'emprunt des 16,000,000 fr., vous vous seriez plaints du ministère, vous l'auriez accusé d'inhabileté, d'avoir tendu un piège à votre bonne foi, de n'avoir point su soutenir le cours des effets publics.

N'importe : l'accusation relative à la baisse est réservée pour une autre époque qui va bientôt arriver : maintenant c'est de la hausse qu'il s'agit, c'est pour elle qu'on doit faire des reproches aux ministres, et cela, comme vous savez, s'appelle de raison, de l'éloquence, des critiques *désintéressées*.

Envain vous feriez observer, monsieur, que les banquiers étrangers n'étaient pas encore possesseurs de la rente dont l'emprunt avait été négocié avec eux à la fin du mois de mai : on vous répondra qu'ils ont pu vendre ce qu'ils ne possédaient pas encore.

Mais alors, diriez-vous, les reproches qu'on fait au ministère au sujet de l'influence que ses opérations du mois de juillet 1818, ont pu avoir dans les profits de MM. Hope et Baring ne reposent plus que sur une supposition, celle qu'ils aient pu vendre à 70 ce qu'ils espéraient avoir plus tard à 67; et en raisonnant sur des hypotèses, l'on peut également supposer que, pressés par les engagemens contractés, par les avances considérables faites à la Prusse, ils ont été obligés, dans le mois de novembre suivant, de vendre à 63 ce qui leur avait déjà été livré à 67.

On vous répondrait là-dessus que leur grande fortune leur a permis d'attendre, et qu'ils ont profité en juillet sans perdre en novembre. Bientôt lorsqu'on sera à l'examen de cette dernière époque, vous verrez cette grande fortune disparaître, et l'on ne tardera pas à vous apprendre que la baisse qu'éprouvèrent alors les effets publics n'a eu qu'un motif, un seul déplorable motif, celui de la quantité de rentes jetées sur la place par les souscripteurs de l'emprunt des 24,000,000 qui avaient besoin de demander à la bourse de Paris le premier écu nécessaire à l'accomplissement de leurs engagemens.

Cependant de deux choses l'une, ou ils ont vendu au moment de la baisse des mois de novembre et décembre et ils ont fait des pertes considérables, ou ils n'ont point vendu, et ce n'est pas eux qui ont été cause de cette baisse qu'ils avaient tant d'intérêt à prévenir.

Soumettons maintenant ces raisonnemens au calcul.

Dans le mois de juillet, une masse de rentes de près de 15,000,000 venait d'être négociée et livrée à des banquiers, propriétaires ou capitalistes français.

Un autre emprunt avait été négocié avec des banquiers étrangers, mais dans celui-ci tout était conditionnel : il était encore indécis pour l'état qui vendait comme pour les banquiers qui achetaient, si effectivement il aurait eu lieu, et dans ce cas, à quelle époque et pour quelle somme il aurait reçu son exécution.

Ce n'est que six mois après qu'il a été fixé au capital d'environ 12,000,000 de rente, et plus de la moitié de cette somme avait déjà été cédée par MM. Hope et Baring à des banquiers français.

Ainsi, dans les emprunts négociés dès le mois de mai, les Français y étaient intéressés,

savoir :

Dans le premier (définitivement inscrit au grand Livre et dont les inscriptions étaient ou allaient être livrées) pour une somme de rentes de près de . . . . 15,000,000.

Dans le second, pour . . . . . 6,000,000.

Ensemble, ... 21,000,000.

Et les banquiers étrangers dans ce dernier emprunt (encore conditionnel, restant à inscrire et à livrer), pour . . . . 6,000,000.

Total . . . . 27,000,000.

D'où il résulte que le commerce et les capitalistes français avaient dans le cours des effets publics un intérêt plus que triple de celui des capitaux et du commerce étrangers, et que le même
cours de la bourse qui aurait pu réaliser pour ces
derniers un profit ou une perte d'un million,
réalisait aussi en même temps pour les autres un
profit ou une perte de plus de trois millions.

Maintenant qu'on décide : le ministère aurait-
il dû s'abstenir de toute opération qui pouvait
influer favorablement sur le cours des effets publics, uniquement parce qu'à côté des maisons fran-
çaises, qui pouvaient gagner par exemple trois
millions, des négocians étrangers pouvaient aussi
en gagner un?

Etait-ce donc une surprise qu'on aurait voulu
faire à ceux-ci.

Après avoir conclu un marché avec eux, fallait-
il s'attacher à le leur rendre onéreux? Et a-t-on
jamais pu penser que l'intérêt de la France exigeât
de faire des dupes de ceux qui, au milieu de tant
de désastres, s'étaient fiés à sa bonne foi et à ses
destinées.

Excellent moyen, il faut en convenir, pour
inspirer aux capitaux étrangers de la confiance
dans nos fonds publics, pour tâcher de faire ri-
valiser notre crédit avec celui de l'Angleterre,
et pour faire retourner plus tard à l'agriculture,

au commerce et à l'industrie un milliard peut-être de capitaux français que le haut intérêt de la dette et l'exemption d'impôts a attirés (l'irrévocable nécessité l'a demandé ainsi) entre les mains les plus improductives de l'état, celles du gouvernement.

Et moi aussi, je le dirai sans déguisement, jamais intérêts particuliers ou préventions injustes n'ont suggéré des vues plus étroites, des accusations plus mal fondées, et si le ciel m'avait départi les talens des accusateurs, pour répondre toutes leurs critiques, je me bornerais, sans les discuter, à faire l'histoire de l'administration de 1818.

En parlant des emprunts négociés pendant cette année, je dirais, qu'indépendamment de tous les impôts qui pesaient sur l'état, le gouvernement avait encore besoin de se créer une ressource de près de 400,000,000 f., soit pour compléter le budget des dépenses, soit pour solder la dette contractée par le traité du 15 novembre 1815.

Demander cette somme au crédit sans qu'il en fût alarmé, se créer des valeurs qu'on put offrir aux alliés pour hâter leur départ, *associer les plus riches maisons de l'Europe, et tous les intérêts qui pouvaient s'y rattacher, à la prospérité de notre crédit et à l'évacuation de notre territoire;* assurer cependant aux nationaux la plus grande partie des bénéfices que ces opérations pouvaient faire espé-

rer; c'étaient là sans doute les services les plus uti-
les qu'on pût rendre alors à l'état, et c'est ce qui
avait été fait par la négociation des deux emprunts
dans le mois de mai 1818, et par les opérations
successives du ministère.

Je pourrais, monsieur, en suivant mon sujet,
vous parler des traités conclus à Aix-la-Chapelle,
vous montrer l'illustre négociateur, chargé des
intérêts de la France, trouvant dans l'amitié des
plus grands souverains de l'Europe, dans cet as-
cendant que donnent un noble caractère, une vie
sans reproche, plus encore qu'un nom célèbre
dans l'histoire, les moyens de triompher d'injustes prétentions, d'applanir toutes les difficultés
et de rétablir la France au rang qu'elle doit occu-
per parmi les puissances, en la faisant intervenir
dans une alliance, qui n'avait été jusques-là que
menaçante pour elle, puisqu'elle seule en était
exclue.

Et c'est bien ici, mieux encore que dans les
plus grands triomphes de la victoire, qu'on est
conduit à reconnaître l'existence d'un génie tuté-
laire qui préside à nos destinées !

Une nation, une seule nation (1) qu'on dirait

---

(1) Les événemens de 1815 n'ont été en effet que la conséquence
de ceux de 1813 et 1814, et sans la terrible arrière-garde que l'on
savait marcher après les vainqueurs de Waterloo, ceux-ci auraient
vraisemblablement un autre nom aujourd'hui.

réservée pour le naufrage des plus fameux conquérans, ne confiant son salut qu'à la dévastation de ses provinces, à l'incendie de ses villes, renverse le colosse qui était allé l'attaquer au milieu de ses frimats.

Deux invasions la rendent presque l'arbître de notre sort : à sa suite arrivent tous les peuples de l'Europe qu'on avait vus successivement autour de nous vaincus, supplians ou alliés; chacun veut se venger des humiliations, des pertes éprouvées; chacun demande d'entrer en partage des provinces de la France.

Mais du temps que la révolution s'était livrée ici à tous ses excès, un illustre proscrit avait été se réfugier chez cette même nation qui devait plus tard faire flotter au milieu de nous ses drapeaux.

Le génie de la civilisation avait pénétré avec lui jusqu'aux bords du Volga : une ville commerçante y était fondée par ses mains : des terrains immenses, livrés à la culture, rendaient cette nouvelle colonie l'un des greniers de l'Europe. L'on s'étonnait de voir l'ancienne patrie des Huns et des Tartares appelant chez elle les arts à la suite des richesses, et offrant un asyle à tous ceux qui ne pouvaient point le trouver chez des peuples civilisés, dans l'héritage de leurs pères.

Des succès si éclatans, le nom, les qualités de celui qui les obtenait lui valurent l'estime, l'amitié du prince puissant qui devait bientôt être appelé à décider entre la France et tous ceux qui en sont naturellement les rivaux.

Aussi, quand ce moment arriva, quel médiateur plus utile, plus accrédité aurions-nous pu trouver que celui qui, dans ce grand conseil de rois, était plutôt reçu comme l'ancien serviteur, comme l'ami personnel du plus puissant de tous, que comme l'ambassadeur de la France ; qui demandait de la modération pour son pays, comme la ré-compense de tous ses services dans les pays étrangers ; qui pouvait dire aux souverains : « Je n'ai » point été contre vous lorsque vous étiez les » plus faibles ; je n'ai point suivi le char du vain-» queur, ni l'ai aidé à vous opprimer. »

« Pendant qu'il gouvernait le monde, j'embel-» lissais vos provinces, je civilisais chez vous des » peuples presque barbares ; j'y fondais des cités : » maintenant ma patrie est malheureuse, je vais » la servir, et je demande à votre amitié, à votre » politique de ne pas abuser de la victoire, de ne » pas vous rendre à votre tour oppresseurs. »

Vous savez mieux que personne, monsieur, combien son intervention nous a été utile, quels sacrifices elle a épargnés, quelles réductions elle a obtenues, que d'injustes préventions elle a fait cesser, combien enfin elle a accéléré le moment de la libération de la France ; et c'est pour un service aussi signalé que les deux chambres ont jugé à propos de lui offrir un témoignage de la reconnaissance nationale : l'on connaît le noble emploi qui en a été fait.

Vous parler, monsieur, des traités d'Aix-la-Chapelle et du négociateur qui avait été chargé par le Roi de les conclure, ce n'est point sortir de la question qui nous occupe ; vous avez encore présente à votre souvenir la lecture qui a été faite à la tribune, d'une lettre de M. le duc de Richelieu, en réponse aux propositions de plusieurs banquiers de la capitale ; vous n'avez point oublié qu'il était dit dans cette lettre, que les propositions dont il s'agit ne pouvaient point être accueillies, et que la négociation faite avec MM. Hope et Baring avait été jugée convenable non-seulement dans l'intérêt du crédit, mais surtout dans celui du but principal qu'il fallait remplir.

Ils le savaient donc que des considérations politiques, plus encore peut-être que des calculs de finances, devaient présider à la négociation de l'emprunt des 24 millions, ceux qui adressaient alors leurs propositions au ministre chargé du département des affaires étrangères plutôt qu'au ministre des finances.

Ils n'avaient point perdu de vue que le crédit des 24 millions avait été mis par la loi à la disposition du gouvernement, et non de tel ou tel ministère.

Ils ont su plus tard que, dans les marchés conclus avec MM. Hope et Baring, les parties contractantes avaient été, d'une part ces banquiers, et de l'autre les deux ministres des affaires étrangères et des finances.

Comment se fait-il donc que toutes les accusations, les plaintes et les critiques soient dirigées exclusivement contre ce dernier? Epargner les puissans, poursuivre dans sa retraite celui qui ne l'est plus, serait-ce par hasard un article additionnel au code des idées libérales?

Je reviens aux opérations du ministère, postérieures à la négociation des deux emprunts faits pendant le mois de mai 1818.

Le traité concernant l'évacuation venait d'être signé : les alliés avaient accepté en paiement, pour 165 millions, des engagemens de MM. Hope et Baring, et, pour les derniers 100 millions, des inscriptions de rentes à 73 fr. 7 c.

Soudain le cours de la bourse, loin de continuer à s'améliorer, fait des pas rétrogrades : la rente descend de 75 à 70, de 70 à 63 f. : la crainte succède à la confiance : on redoute une plus grande dépréciation; les vendeurs se pressent; les acheteurs se retirent; ceux qui avaient joué à la hausse ne savent plus comment réaliser leurs en- gagemens ; la consternation est à son comble.

On a beaucoup et diversement parlé des motifs de cette baisse ; les uns ont pensé qu'elle a eu lieu, par suite de la méfiance que commençaient à ins- pirer les effets de circulation, et du refus fait par la banque et les riches capitalistes de continuer à les escompter.

Cette cause a été peut-être, en effet, l'une des plus déterminantes; mais était-ce le trésor, étaient- ce les négociateurs de l'emprunt des 24 millions qui fabriquaient et cherchaient à escompter des effets de circulation? Que prouvait l'existence des effets de cette nature? Elle démontrait évidem- ment, par rapport à la rente, que beaucoup de personnes, dans l'espoir d'une hausse progressive, avaient acheté sur la place ou avaient souscrit à l'emprunt des 16,000,000, sans avoir effecti- vement les moyens de remplir sur-le-champ leurs engagemens, et qu'ils y avaient suppléé en créant et en faisant escompter des effets : ces effets étaient ainsi un emprunt sur repports déguisés, et tous ceux qui les escomptaient faisaient en dé- finitive la même opération qui avait été faite par le trésor dans le mois de juillet, avec cette seule différence que celui-ci recevait en gage sa pro- pre signature, et les autres, des signatures parti- culières; mais le trésor n'a point inopinément demandé le remboursement de ses avances; il les a, au contraire, augmentées, lorsque le besoin s'est fait sentir davantage, tandis que la banque et les capitalistes, en arrêtant tout-à-coup leurs escomptes, ont laissé les spéculateurs dans la nécessité de vendre à tout prix la marchandise qu'ils ne pouvaient plus garder.

Si donc, pour spéculer à la hausse, on cherchait indistinctement à emprunter sur reports ou sur lettres de change, c'est que l'opinion sujette aussi au caprice et à l'erreur, comme tout ce qui est le produit de l'imagination ou de la volonté des hommes, était généralement fixée sur ce point, que le cours de la rente devait encore s'élever. Et, à la vérité, comment aurait-elle pu soupçonner le contraire : n'entendait-elle point tous les reproches qu'on faisait au ministère, pour avoir assuré, disait-on, *des profits immenses* aux banquiers étrangers, en négociant avec eux à 67 f. l'emprunt des 24 millions? n'était-elle pas informée que des banquiers Français offraient alors de traiter à des conditions plus avantageuses pour le trésor, et de verser sur-le-champ, en numéraire, un capital de 2 à 300 millions : n'eût-on pas dit qu'il suffisait, pour faire fortune, d'acheter de la rente ?

Jugez actuellement, Monsieur, qui du Ministère ou de ceux qui l'accusent, avait d'abord contribué à donner un cours exagéré aux fonds publics.

Une autre cause a été indiquée pour expliquer la baisse que ces fonds éprouvèrent ensuite en novembre : c'est l'exportation considérable d'espèces ou de lingots, qui a marqué cette même époque : on a dit avec raison que les capitaux circulans s'étant trouvés par là diminués, la rente a dû nécessairement devenir moins recherchée et son placement plus difficile.

Mais un tel événement ne dépendait nullement des opérations du trésor, ni de celles de la bourse ; il avait d'autres causes qu'il serait étranger à mon sujet de discuter ; les principales se retrouvent dans les opérations financières des autres grandes puissances, dans des transactions commerciales, et enfin dans la transmission aux gouvernemens étrangers, par les soins de leurs propres agens, des sommes dont le paiement était stipulé en leur faveur par le traité du 15 novembre 1815.

Le numéraire est, pour ainsi dire, une espèce de fluide qui cherche constamment à établir son équilibre, et comme il est dans la nature des choses qu'il y parvienne, toutes les mesures qui s'y opposent, tournent toujours au préjudice de celui qui les prend.

Toutefois la circonstance dont il s'agit devait être un motif de plus pour le gouvernement français, de chercher à étendre hors de France le marché de notre dette publique, et c'est en effet l'un des motifs qui déjà l'avaient déterminé dans le choix des négociateurs de l'emprunt des 24 millions, car il est évident que chaque inscription de 1,000 fr. de rente qui était placée à Francfort, à Londres ou à Bruxelles, représentait un capital d'environ 14,000 f. que nous étions obligés d'exporter de moins à l'étranger. (1)

Enfin, monsieur, on a dit que la baisse du mois de novembre, n'a été que la réaction (qui, en finance comme en politique, suit toujours les excès), de la hausse exagérée qu'avait éprouvé la rente après la négociation des deux emprunts des 16 et 24 millions.

Mes observations à cet égard rentrent dans celles relatives aux effets de circulation.

Au reste, si la hausse qui a suivi ces négociations était exagérée, le ministère n'était donc pas si répréhensible d'avoir vendu à 67 dans le mois de mai : c'était à-peu-près le cours moyen de l'an-

____

(1) Ce fut aussi la même circonstance qui détermina, en novembre, le Gouvernement Français à obtenir des gouvernemens étrangers une prorogation aux délais de paiement qui avaient d'abord été fixés pour la réalisation de l'emprunt des 24 millions. (Voir le protocole du Congrès du   novembre 1818.)

née, et, comme l'a dit d'ailleurs le digne administrateur , qu'on attaque « toutes les fois qu'on » fait un marché, il faut être deux. »

Quoi qu'il en fût, monsieur, des causes qui produisirent la baisse du mois de novembre, lorsque cette baisse survint il ne s'agissait plus de disputer le partage des profits qui, quelques jours plutôt, semblaient assurés à tous ceux, nationaux ou étrangers, qui avaient pris part aux derniers emprunts.

On supputait naguères le montant des bénéfices que le cours de la bourse promettait à chaque actionnaire , et le décompte de ces bénéfices, en ce qui concernait les banquiers étrangers, était celui des fautes ou de l'imprévoyance des ministres.

Un bien triste calcul venait actuellement remplacer le premier, c'était celui des pertes considérables que préparait à tous la baisse des effets publics.

Ce fut alors que le ministère n'hésita point à aller au secours de la place avec tout le numéraire dont il pouvait disposer. Il y était excité par l'intérêt du crédit public, par celui d'une foule de maisons respectables dont l'existence se trouvait compromise , *par les pressantes sollicitations des plus riches banquiers de la capitale.*

Eh quoi, tandis que la dépréciation des effets publics attaquait les intérêts de tant de familles,

que de nombreuses faillites en étaient la conséquence, que d'autres paraissaient imminentes, le
ministère, spectateur tranquille de tant de désastres, n'aurait rien fait pour tâcher de relever
le crédit et contrebalancer les mauvais effets de
cette espèce de terreur qui semblait s'être emparée de le place? il se serait consolé de tant de
malheurs sur la seule idée qu'un pareil événement
le lavait du reproche d'avoir négocié à trop bas
prix avec MM. Hope et Baring, l'emprunt des
24 millions?

S'il avait pu méconnaître à ce point ses de-
voirs, quel chapître abondant d'accusations, une
pareille conduite n'aurait-elle point fourni à ceux-
là mêmes qui l'accusent aujourd'hui pour la conduite opposée.

Je crois les entendre s'écrier : « Quels reproches
» ne doivent point se faire à eux-mêmes les mi-
» nistres au sujet de la baisse survenue dans les
» mois de novembre et décembre. Le numéraire
» manquait sur la place ; sa rareté était l'une des
» premières causes de la dépréciation de la rente,
» et cependant les caisses du trésor regorgeaient
» de fonds : 30 ou 40 millions que le ministère
» aurait employés pour aller au secours de la
» bourse eussent dans ce moment arrêté la crise.
» Ils auraient suffi pour pomper cette masse de
» dette flottante qui encombrait la place et dont

» la vente forcée avilissait la valeur de la rente :
» combien de malheurs n'aurait point prévenu
» une semblable mesure ! que de maisons sauvées
» du naufrage ! eh bien, le ministère, témoin
» impassible d'une crise aussi funeste, a préféré
» garder improductives dans ses coffres les som-
» mes dont il pouvait disposer. En vain les pre-
» miers banquiers de la capitale l'ont-ils sollicité
» d'adopter le seul moyen qui pût alors soutenir
» le crédit : ils ont répondu par cette maxime
» dérisoire : *Périssent toutes les Colonies plutôt*
» *qu'un Principe?*

« On eût dit, que trop satisfait de l'événement
» qui était venu, en quelque sorte, justifier les con-
» ditions des marchés passés avec les banquiers
» étrangers, le ministère aurait cru commettre
» une faute, et agir contre ses propres intérêts, en
» cherchant à relever le cours des effets publics,
» et qu'au milieu de la consternation générale
» quelques misérables calculs d'amour-propre
» avaient pu suffire pour diriger sa conduite. »

Certes, Monsieur, de pareils reproches seraient beaucoup plus fondés que tous ceux
qu'on a adressés à l'administration de 1818, et
combien ne sembleraient-ils point mérités davantage, si l'on voulait examiner la question sous
le rapport de l'intérêt général de l'état.

Une baisse aussi rapide et aussi considérable,

au moment même où le traité de l'évacuation venait d'être signé, si on n'eût point cherché à l'arrêter, n'aurait-elle point paru donner aux alliés la mesure du peu de confiance que nous avions nous-mêmes dans la sagesse des opinions divergentes, désormais affranchies de toute sujétion étrangère?

Et, quant aux stipulations pécuniaires, sans doute MM. Hope et Baring étaient engagés par les différens traités signés avec eux, mais croit-on qu'ils auraient résisté à une perte de 3o à 4o millions; les y exposer, n'était-ce point au fond s'exposer soi-même à devoir résilier entièrement le contrat: y a-t-il une clause résolutoire plus puissante que celle de l'impossible?

Tout allait donc (nous en courions le risque) être remis en question. La négociation de l'emprunt; la cession aux alliés des valeurs à terme qui en représentaient le produit, par suite les derniers traités avec eux. Et dans quel moment, grand dieu! aurait-il fallu revenir ainsi sur tout ce qui déjà était conclu et sanctionné! Au moment même où les troupes étrangères faisaient leurs préparatifs de départ, et où elles auraient pu encore être arrêtées sur notre territoire, ne fut-ce que pendant tout le tems nécessaire pour faire de nouveaux arrangemens, conclure de nouveaux traités, et aller chercher de nouvelles ratilications non plus à Aix-la-Chapelle , mais à Vienne , à Berlin, à Pétersbourg. Quelques mois seulement que le séjour des alliés se fût encore prolongé, et il aurait coûté au-delà des fonds provisoirement employés par le trésor pour soulager la place et soutenir le crédit.

Les prêter à la Bourse ou les donner aux troupes étrangères, qu'aurait-on jugé préférable?

Les hommes d'état les plus rigoureux conviennent qu'il est des circonstances, en matière de finance, où il doit être permis à un Ministre de dépasser les limites qui lui avaient été posées par la loi, et quelle circonstance plus extraordinaire et plus impérieuse, pourrait-on imaginer que celle par qui le salut de l'état et la fortune des citoyens se trouvaient si gravement compromis ?

Veuillez supposer qu'après avoir fait la même opération, mais sous des formes différentes, le Ministère, se présentant aux Chambres de 1819, leur eût déclaré qu'il s'était vu forcé à augmenter de 3o millions le fonds destiné à l'amortissement, tandis que, d'un autre côté, il avait économisé un capital d'environ 8o millions sur le crédit des 24 millions de rente. Pensez-vous, Monsieur, qu'en reconnaissant les motifs impérieux et irrésistibles qui avaient déterminé le Ministère, les Chambres n'auraient point approuvé sa conduite, et accordé le supplément de crédit des 30 millions, en même tems qu'elles auraient annulé l'excédant des 80?

Car, en effet, quel est le but de l'institution de la Caisse d'Amortissement? soutenir le crédit des effets publics, faire tourner leur discrédit même au profit de l'état, retirer de la circulation, à mesure qu'elle y arrive, cette quantité de rentes, que le besoin ou la méfiance déprécie entre les mains de ses possesseurs, tels sont incontestablement les avantages qu'on retrouve dans cette institution.

Or, ces avantages ont bien été tous obtenus par les opérations faites par le trésor dans les mois de novembre et décembre ; mais parce qu'une administration s'appelle Caisse d'Amortissement, et l'autre Trésorerie, des opérations faites dans le même but, avec les mêmes résultats devront-elles être jugées différemment? N'est-ce point également les revenus de l'état, le produit des contributions qui alimentent les deux caisses, et les écus sont-ils timbrés ou estampillés dans l'ordre et suivant la répartition du budget des dépenses? Enfin, Monsieur, si sous le nom de Caisse d'Amortissement, l'état peut racheter journellement la dette publique, quel si grand danger, quelle faute si capitale a-t-on pu voir, à ce que, sous le nom de trésorerie, il ait fait des avances contre cette même dette dans un moment de détresse?

Convenons donc de bonne foi que si l'on écarte de la discussion tout ce qui ne porte que sur des mots ou des formalités, toute la question se trouve renfermée dans celle de l'opportunité, et, à cet égard, nous en appelons à la conscience des accusateurs, comme à la justice de tous les hommes droits et équitables. Était-il opportun de lutter contre un pareil discrédit, de prévenir tant de pertes, de préserver tant de familles d'une ruine presque certaine, d'assurer l'exécution des traités, de laquelle dépendait encore l'évacuation du territoire?... qu'on décide.

Si j'avais été Député (j'ai entendu dire à un homme du plus grand talent, et l'un de nos plus habiles financiers) après toutes les accusations dirigées contre l'ancien ministre des finances, je serais monté à la tribune et j'aurais dit à mes collègues : « Je trouve, Messieurs, que toutes ces » accusations sont fondées, mais je suis étonné » qu'elles n'aient été suivies d'aucune conclu- » sion. »

» Pour suppléer à cet égard au silence des » accusateurs, j'ai l'honneur de vous propo- » ser de vouloir bien décider que, l'ancien » ministre a irrégulièrement employé en achat » de rentes au cours de 64, 65 ou 66 une partie

» des fonds du trésor, qu'il doit, en conséquence,
» être rendu responsable de cette opération et
» obligé, sous peine d'encourir de plus graves
» punitions, à réintégrer dans les caisses de l'état
» les fonds dont il s'agit : toutefois, par une
» juste réciprocité, vous prescrirez de faire met-
» tre à sa disposition les rentes induement ache-
» tées, pour qu'il puisse en faire l'aliénation
» pour son propre compte au cours actuel de 74
» à 75 : vous déciderez aussi qu'il doit faire
» compte au trésor au taux légal de 5 p. o/o , de
» l'intérêt des sommes à rembourser, mais vous
» lui abandonnerez, en même tems, comme étant
» sa propriété, l'intérêt de 7 à 8 p. o/o qu'ont
» procuré les rentes acquises. Le petit profit de
» plusieurs millions que lui aura valu une aussi
» grave responsabilité, sera un faible dédomma-
» gement de toutes les attaques qui l'ont pour-
» suivi. . . . . »

Et qu'ils ne disent point que c'eût été parler
d'après les événemens, ceux qui n'ont eu d'autre
système dans toutes leurs accusations, car, enfin
pourraient-ils soutenir qu'il y avait des pertes
possibles pour le trésor en achetant à 64, eux
qui ne voyaient que des profits énormes pour les
banquiers étrangers qui avaient acheté à 67 ?

Vous parlerai-je encore, Monsieur, à ce sujet,
des éternelles contradictions qu'on remarque en-

tre la conduite, et les écrits des accusateurs de l'administration de 1818 ?

Vous les aviez entendus, dans les mois de juin et juillet, faire des reproches amers au ministère sur la préférence accordée à des banquiers étrangers, assurer qu'ils auraient traité à des conditions plus avantageuses pour l'état, offrir le versement immédiat de 2 à 300 millions.

Mais une fois la baisse survenue, tous ces capitaux disparaissaient, et c'est au trésor et la banque qu'il faut s'adresser pour aller au secours de la place et faire retirer de la circulation des rentes qu'on offrait à tout prix.

Où étaient-ils donc alors ceux qui avaient fait naguères des offres si brillantes au Gouvernement? en faisant ces offres quel avait donc été leur mobile?

Etait-ce dévouement aux intérêts de l'état ? Mais quelle meilleure occasion pouvaient-ils rencontrer d'en faire preuve, que celle où tant d'existences se trouvaient compromises, où la fortune publique comme les fortunes particulières étaient également menacées ?

Etait-ce l'espoir du profit? Mais ce que l'on disait être une opération si avantageuse à 67, combien ne devait-elle point le paraître davantage à 63 ou 64, lorsque les circonstances n'avaient

fait que s'améliorer , que les traités étaient conclus, que les alliés commençaient à partir.

C'est faire , il faut en convenir, une bien rude
violence à la raison et au bon sens que de dire :
« Nous vous accusons pour n'avoir point voulu
» nous vendre à 67 ce que nous n'avons point
» voulu acheter à 63. »

On a répété ensuite jusqu'à satiété que les ventes
faites aux étrangers avaient été cause de la baisse.

Autant vaudrait dire que les soieries de Lyon
seraient dépréciées si le gouvernement en obtenait la libre introduction dans tous les états de
l'Europe.

On a ajouté que jamais on n'avait vu de banquiers français à la suite de nos armées, négociant les emprunts des puissances étrangères.

Il n'y a qu'une seule explication à donner à ce
sujet : c'est que nous inspirons beaucoup plus de
confiance à nos anciens ennemis que ne nous en
inspiraient à nous-mêmes les états conquis ; et s'il
en eût été autrement, pense-t-on que l'Autriche,
par exemple, se serait tenue pour bien offensée
(lorsqu'elle se trouvait dans la nécessité de frapper
de nouvelles impositions sur des peuples déjà
écrasés par le fardeau de la guerre) de ce que tel
banquier de Paris lui aurait offert de se charger du
paiement d'une contribution de guerre contre la
remise d'une valeur pareille en rentes sur l'état,

ou en *Banco-zettel;* si quelqu'un ne l'eût point voulu, ce n'eût point été sans doute le gouvernement autrichien.

Un autre tort a été souvent imputé au ministère: celui d'appeler toujours les circonstances à sa justification; pour répondre à un pareil reproche, permettez-moi, monsieur, d'employer une comparaison.

Le capitaine d'un navire, battu par la tempête, est obligé, dans la traversée, de faire des frais considérables pour réparer les dommages reçus.

Arrivé au port et traduit en jugement, on lui reproche telle réparation.

« Elle a été, dit-il, nécessitée par les effets de » l'orage qui a manqué de nous engloutir. » Telle dépense, « c'est le prix de cette même répara- » tion. » Telle partie de la cargaison qui a souffert : « c'est la violence de l'orage qui l'a en- » dommagée. »

Pourrait-on lui faire un crime de n'avoir point d'autre justification à produire?

Faudrait-il qu'il répondît comme les animaux parlans au roi Lyon :

Signore errammo, ci ha bagnati il sole.

Cette lettre, monsieur, déjà trop longue, deviendrait un volume si je voulais répondre, une à une, à toutes les accusations.

J'arrêterai donc ici mes observations, et partageant les accusateurs en deux classes, ceux de bonne foi qui sont animés par l'intérêt de leurs pays, mais qui sont en même temps accessibles à la voix de la raison et de la justice, et ceux de mauvaise foi qui ne suivent d'autre guide que celui de leur vanité ou de leur intérêt personnel.

Je dirai aux premiers, qu'il est sans doute bien triste de n'avoir à discuter que sur le plus ou moins de sacrifices qu'on a supportés, ou sur ceux qu'il eût été possible d'éviter, mais que dans la direction des affaires publiques, toutes les époques ne sont point les mêmes.

Que l'on a autant de droits à la reconnaissance nationale pour avoir su retirer son pays du précipice, comme pour l'avoir enrichi de conquêtes ; que Rome n'aurait point eu de César si elle n'avait point eu de Fabius ; qu'il est souverainement injuste de vouloir juger une grande administration d'après quelques détails de service ou quelques événemens postérieurs, plutôt que d'après les grands résultats obtenus, les circonstances qui l'environnaient et celles qui l'avaient précédée.

Je renoncerai à toute espèce de discussion avec la seconde classe d'accusateurs, car est-il possible de parler raison avec eux ? Peut-on espérer qu'ils se rendront à l'évidence ?

« Messieurs, disait un fameux délateur

» Aux courtisans de Philippe, son maître,

» Quelque grossier qu'un mensonge puisse être,

» Ne craignez rien, calomniez toujours;

» Quand l'accusé confondrait vos discours,

» La plaie est faite, et, quoiqu'il en guérisse,

» On en verra du moins la cicatrice.

Voilà, Monsieur, leurs maximes, mais la cicatrice même vient d'être effacée par le jugement des deux Chambres, et je me serais dispensé, en conséquence, de réunir les observations contenues dans cette lettre, si elles ne m'avaient point paru de nature à démontrer que ce n'est point le *caractère oublieux de notre nation*, mais bien le sentiment de la justice la plus rigoureuse qui a déterminé l'adoption des comptes de 1818.

Je suis, etc.

Z.